Konturen einer Stadt

Von der Stadtmauer zu den heutigen Grenzen Nürnbergs

Ein fotografischer Rundgang mit Herbert Liedel

In Kooperation mit dem

Stadtarchiv Nürnberg

Konturen einer Stadt

Von der Stadtmauer zu den heutigen Grenzen Nürnbergs

Ein fotografischer Rundgang mit Herbert Liedel

Für die Museen der Stadt Nürnberg
herausgegeben von
Matthias Murko

Schriftenreihe der Museen der Stadt Nürnberg - Band 2
Herausgegeben von Ingrid Bierer

MICHAEL IMHOF VERLAG

Inhalt

Konturen einer Stadt
Fotoausstellung Herbert Liedel

Konturen einer Stadt – das könnte auch eine Überschrift sein, um die Themen zu beschreiben, die von den Museen der Stadt Nürnberg aufgegriffen, visualisiert, vermittelt werden. Die vielfältigen Facetten der Nürnberger Geschichte sind in den sieben Häusern des Verbundes mit sehr unterschiedlichen Schwerpunkten vertreten, jedes Haus hat ein unverwechselbares Profil, dennoch ist die verbindende Klammer die Stadt, die Region und ihre Entwicklung über die Jahrhunderte, bis zum heutigen Tag.

Auch das Thema dieser Ausstellung im Museum Industriekultur ist die Stadt. Die Stadt in ihrer Mauer, mit ihren Türmen und Wehrgängen. Die Mauerdurchbrüche. Die unverwechselbare Kontur der Altstadt auf Stadtplänen, alten wie neuen. Grenzverläufe, die man heute nicht mehr sieht, wie etwa die gewaltigen Vor- und Außenwerke, die aber in alten Straßennamen, wie z.B. der Bärenschanze, noch präsent sind. Die Stadt Nürnberg in ihren historischen Grenzen. Unwissentliche Grenzüberschreitungen heute, Blicke und Aussichten, real und künstlerisch.

Es ist kein Zufall, dass diese Ausstellung im Museum Industriekultur präsentiert wird. Seit mehr als 15 Jahren beschäftigt sich das Haus mit Fotografie, sei es als Kunstform, sei es als Medium der Dokumentation, sei es als faszinierende technische Errungenschaft. In zahlreichen Fotoausstellungen werden Arbeiten regionaler Fotokünstler vorgestellt, unter denen Herbert Liedel mit Einzel- und bei Gruppenausstellungen immer wieder vertreten ist.
Unter technischen und künstlerischen Aspekten wird im Herbst 2014 die Ausstellung "Ein Gramm Licht" präsentiert, die aus Anlass des 175jährigen Jubiläums der Fotografie die wichtigsten Fototechniken von damals bis heute beleuchtet.

Die Ausstellung „Konturen einer Stadt“ von Herbert Liedel macht Stadthistorie vom Mittelalter bis zur Gegenwart mit den Mitteln der Fotografie anschaulich und lebendig.

Bereits Ferdinand Schmidt, der berühmte Nürnberger Fotograf, dokumentierte die Stadtmauer Ende des 19., Anfang des 20. Jahrhunderts. In seiner Tradition setzt Herbert Liedel, der schon mehrere Bildbände über seine Heimatstadt veröffentlichte, das heutige historische Denkmal der Nürnberger Stadtmauer und ihre mehr als 70 Stadttürme gekonnt ins Bild. Gleichzeitig erforschte er als erster fotografisch die aktuelle, nicht sichtbare Stadtgrenze und zeigt, was ihm in seiner Eigenschaft als Bildjournalist ins Auge sprang.

Im Gegensatz zu den Fotos der strategisch strukturierten, überschaubaren mittelalterlichen Verteidigungsanlage präsentiert sich die aktuelle Kontur der Stadt jenseits feindlicher Bedrohungen völlig unübersichtlich, verschiedenartig und voller überraschender Szenarien.

Eine wunderbare Gegenüberstellung, ein Projekt, das viel über den Wandel unserer Zeit aussagt.

Im Februar 2014
Ingrid Bierer
Direktorin der
Museen der Stadt Nürnberg

Einführung

Vom Mittelalter bis zur Industrialisierung waren die Stadtgrenzen, also die Konturen Nürnbergs durch massive Mauern definiert. Drei Mauerringe, ein frühester unmittelbar um die Burg, ein zweiter, von dem noch heute Reste erkennbar sind, und ein dritter, die heutige Stadtmauer, markierten die Stadtgrenzen. Mauern, Türme und Schanzen haben die Stadt dabei nicht nur optisch begrenzt, sondern auch die Bewohner vor feindlichen Angriffen geschützt. Entsprechend haben diese Mauern als wehrtechnische Anlagen mit der Entwicklung der Kriegstechnik ihr Aussehen immer wieder verändert. So hat beispielsweise die Entwicklung schwerer, durchschlagskräftiger Geschütze eine Verstärkung der Befestigungsanlagen nach sich gezogen. Als die Geschütze dann auch den dicken Steinmauern gefährlich werden konnten, wurden im 15. Jahrhundert die Zwinger errichtet und ein 20 Meter breiter Graben angelegt. Später folgten Bastionen und Kanonentürme.

Bis ins 19. Jahrhundert gab es nur fünf Tore und zwei kleine Fußgängerdurchlässe, allesamt streng bewacht. Schließlich haben die Entwicklung der Waffentechnik und der Wandel der Kriegsführung derartige Wehranlagen einzelner Städte überflüssig gemacht.

So beschränkte sich das Stadtgebiet Nürnbergs auf das Areal der heutigen Altstadt innerhalb der Mauer. Als dann mit der beginnenden Industrialisierung der Zuzug von Arbeitskräften für die neuen Fabriken zu einem starken Wachstum der Städte führte, wurden vielerorts die Stadtmauern einfach abgerissen. Nicht so in Nürnberg. Schließlich war die Stadt „Waffenplatz" des bayerischen Königs und musste daher bis 1866 ihren Festungsstatus erhalten. Danach machte die Entwicklung Nürnbergs zur industriellen Hochburg Bayerns zwar einige Mauerdurchbrüche und Öffnungen erforderlich, aber die Gesamtanlage wurde erhalten. Nicht zuletzt wohl deswegen, weil deren historische Bedeutung immer mehr erkannt wurde.

Von dem einst 5 Kilometer langen Bauwerk blieben immerhin 3,8 Kilometer und mehr als 70 Türme erhalten. Allerdings hatte die Mauer ihre Funktion als Stadtgrenze längst verloren.

Aus der ehemals existenznotwendigen Wehranlage ist ein einmaliges geschichtsträchtiges Denkmal von europäischem Rang geworden, das viel Aufwand zur Erhaltung erfordert.

Weitgehende Nutzung der Türme und des Grabens schützt die mittelalterliche Bausubstanz am besten vor Verfall und erhöht die Identifikation der Nürnberger mit ihrer Stadtmauer jenseits des hohen touristischen Interesses.

Der Begriff „Weichbild der Stadt" verweist darauf, dass die Kontur der Stadt heute nicht mehr erkennbar ist – von Markierungen auf Landkarten einmal abgesehen. Eigentlich erwartet man von einer Grenze etwas Trennendes. Wer aber glaubt, dass die Grenze dort verläuft, wo bebautes Gebiet endet und Grünland beginnt, der irrt in den meisten Fällen. Die heutige 155 km lange Stadtgrenze verläuft als „gedachte Linie" durch Felder und Wiesen, parallel zu Straßen, durch Wohngebiete oder durch freie Landschaft.

Nachdem er die Stadtmauer und ihre Türme bereits über Jahrzehnte zu allen Jahreszeiten bildlich dokumentiert hatte, machte sich der Nürnberger Fotograf Herbert Liedel auf, auch diese Grenze mit der Kamera in der Tradition des Bildjournalismus zu erfassen. Dabei machte er überraschende Entdeckungen, die viele Ansatzpunkte zu weiterführenden Reportagen liefern. Seine faszinierenden Fotos vermitteln ein völlig kontroverses Spek-trum zur mittelalterlichen Stadtmauer. Sie spannen einen weiten Bogen von naturbelassener Landschaft zu dichter Verkehrs- und Wohninfrastruktur, von unbekannten Schauplätzen und skurrilen Situationen. Sie markieren die Konturen einer modernen Großstadt im Zentrum einer übergeordneten Metropolregion. Erkennbare Grenzen sind dabei aufgehoben.

Matthias Murko

Historischer Rückblick

Die vorletzte Stadtmauer stammt hauptsächlich aus der zweiten Hälfte des 13. Jahrhunderts. Die Sebalder und Lorenzer Seite waren ursprünglich getrennt befestigt. Um 1320/25 wurden beide Seiten über die Pegnitz hinweg verbunden. Die Verbindung der Stadtteile im Osten wurde durch den Männerschuldturm (siehe oben: Radierung von Alexander Boener, um 1700) und den Frauenschuldturm gewährleistet. Beim Pegnitzaustritt schlossen Wasserturm und Henkerturm, verbunden durch den Henkersteg, die Stadtteile im Westen. Von der vorletzten Stadtmauer sind der Laufer Schlagturm, der Weiße Turm und der Tiergärtnertorturm erhalten. An der Peter-Vischer-Straße und an der Grübelstraße erkennt man noch Mauerreste und Grabenpartien.

Vorletzte Stadtmauer
11. - 14. Jahrhundert

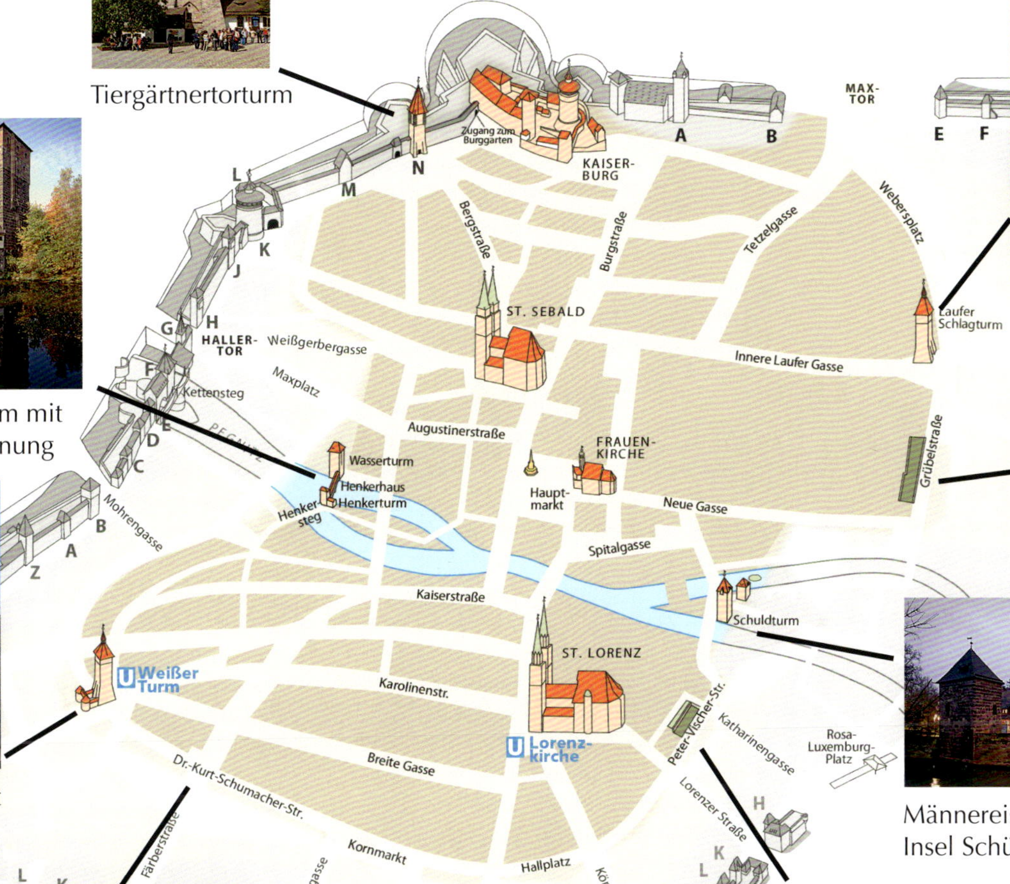

Tiergärtnertorturm

Wassertorturm mit Henkerswohnung

Weißer Turm mit Barbakane

Unterirdische ehemalige Brücke über den Stadtgraben in der Färberstraße / Dr.-Kurt-Schumacher Straße

Laufer Schlagturm

Schießgraben in der Grübelstraße

Männereisen an der Insel Schütt.

Marstallgraben und Stadtmauerrest an der Peter-Vischer-Straße

Grafische Darstellung der Stadtmauer: Norbert Kühlthau

Geschichte der Stadtmauer

ab 1346 *Entstehung der Stadtmauer, Abbildung in der Schedelschen Weltchronik, 1493*

ab 1538 *Fazuni beginnt mit dem Bau der Bastionen rund um die Burg*

ab 1556 *Nach dem zweiten Markgrafenkrieg wurden die vier Tortürme rund ummantelt.* ▶

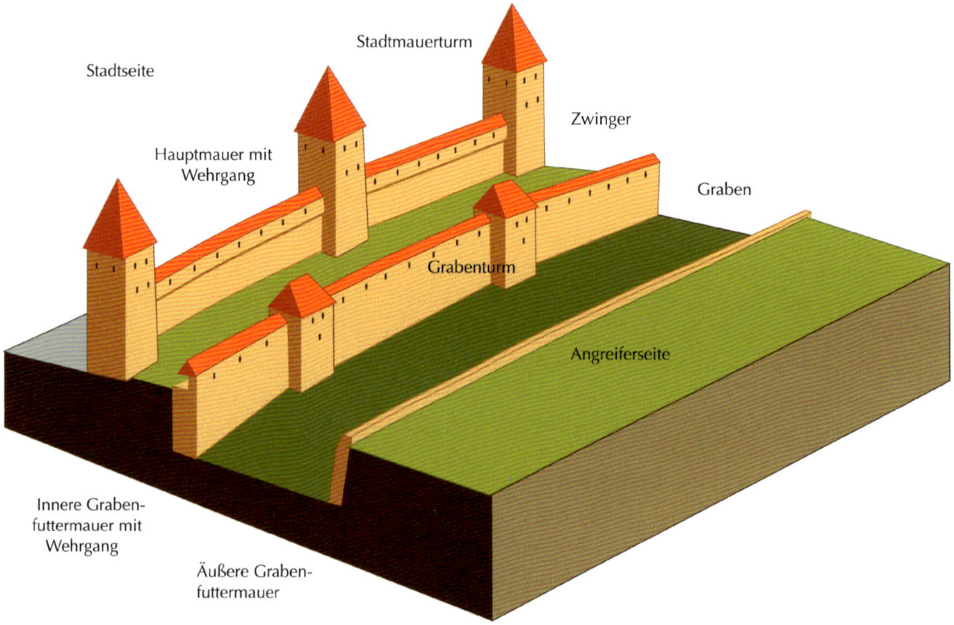

ab 1452 *Ausbau des Stadtgrabens und der Zwingermauern, Entstehung der doppelten Stadtmauer.*

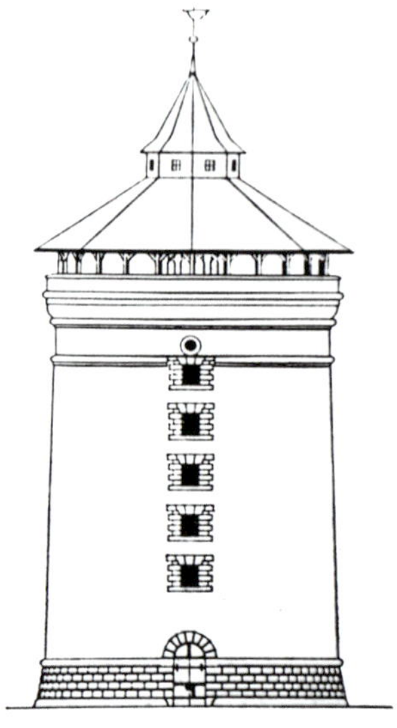

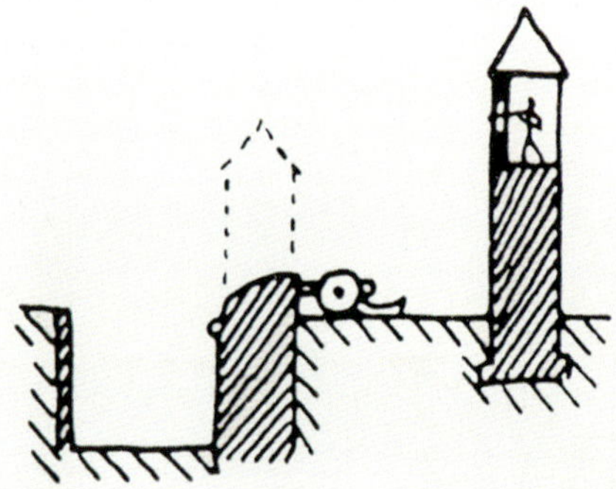

16. Jh. *Verstärkung der Befestigung, neue Tortürme, Abflachung der äußeren Mauer, um Kanonen in Stellung zu bringen.*

Detailgetreue Darstellung der letzten Stadtmauer. Kolorierte Federzeichnung von Hans Bien, 1630

ab 1848 *Bau neuer Durchlässe wegen großem Verkehrsaufkommen, 1859 Errichtung des Marientors*

1848 *Errichtung des Maxtors im neugotischen Stil, um die Sebalder Altstadt nach Norden zu öffnen.*

1866 *Aufhebung der Festungseigenschaft: Abriss ganzer Mauerpartien und Auffüllung des Grabens*

1945 *Zerstörung großer Teile der Stadtmauer durch die Bomben im Zweiten Weltkrieg*

ab 1946 *Instandsetzung der Stadtmauer. Abbildung: Reparaturarbeiten an der Laufertormauer*

Die Sanierungsmaßnahmen der Befestigungsanlagen dauern bis heute an.

Renovierung des Tiergärtnertorturms, 2009

Q

J

K

Q

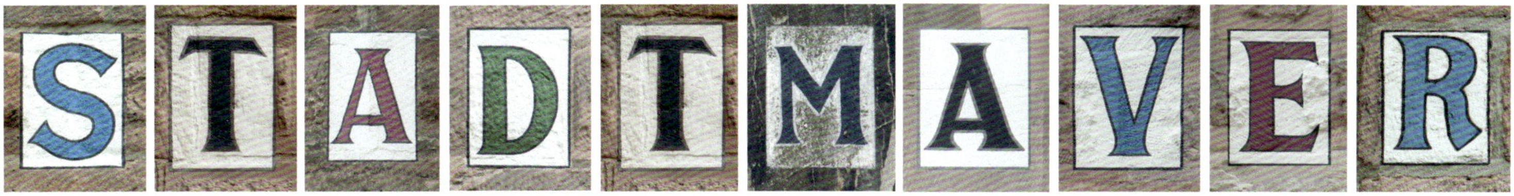

Das Turm-ABC

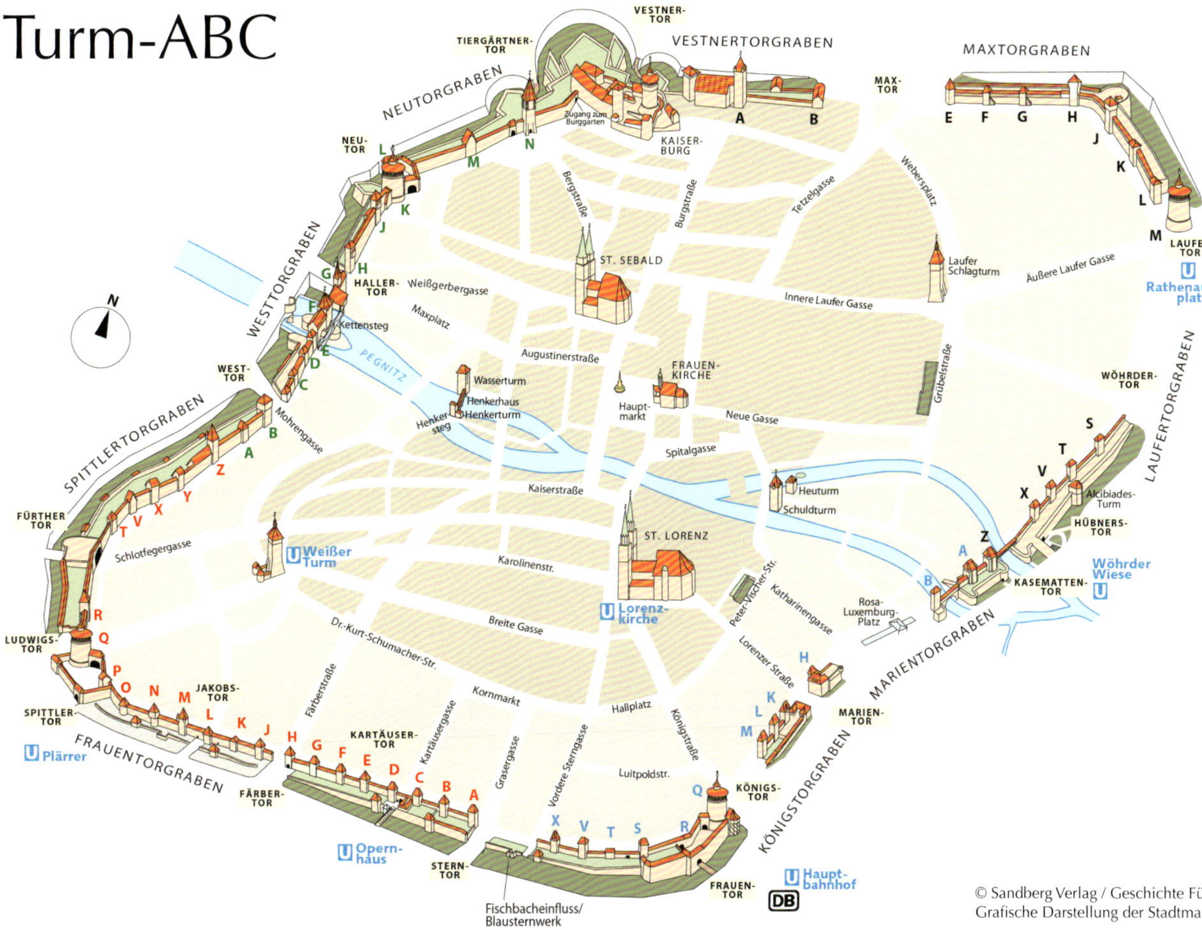

© Sandberg Verlag / Geschichte Für Alle e.V.
Grafische Darstellung der Stadtmauer: Norbert Kühlthau

Alle Türme in der Mauer tragen als Kennzeichnung einen farbigen Buchstaben. Beginnend im Uhrzeigersinn vom Luginsland (**A**) auf der Burg verläuft die Strecke **schwarze** Buchstaben auf weißem Grund bis zum Kasemattentor (**Z**) nahe des Pegnitzeinflusses. Dann erfolgt ein Abschnitt

mit **blauen** Buchstaben bis zum Sterntor, ein Abschnitt mit **roten** Buchstaben bis kurz vor dem Westtor und ein Abschnitt mit **grünen** Buchstaben bis zum Tiergärtnertor (**N**).
Die vier farbigen Strecken waren nötig, weil ein Alphabet nicht ausreichte.

▲ *Einfluss der Pegnitz:*
Die Partie zwischen Wöhrder Wiese und Marienstraße wird bestimmt von einem großen Polytechnikum und einem Bayerischen Gewerbemuseum, die beide so nicht verwirklicht wurden. Stadtmauer, Türme und Graben gibt es nicht mehr.

Quelle: Firmenarchiv Faber-Castell

Projekt „Ringstraße“
Diese Ansichtszeichnungen entstammen einer Broschüre mit dem Titel **„Die Zukunft Nürnbergs. Seinen Mitbürgern gewidmet von Lothar von Faber“**. Der namhafte, einflussreiche Bleistiftfabrikant veröffentlichte die umstrittene Denkschrift im Jahr 1879. Darin schlug er vor, der rasanten städtebaulichen Entwicklung Nürnbergs durch die Anlage einer Ringstraße mit großzügigen Bauten und Anlagen eine moderne, zeitgemäße Prägung zu geben. Hierfür sollten die mittelalterliche Stadtmauer beseitigt und der dazugehörende Graben aufgefüllt werden. Die „Öffnung“ der Altstadt versprach bessere Verkehrsanbindungen zwischen dem Zentrum und den rasch expandierenden, umliegenden Neubauvierteln. Nach dem Vorbild der prächtigen

Lothar von Fabers Abrisspläne

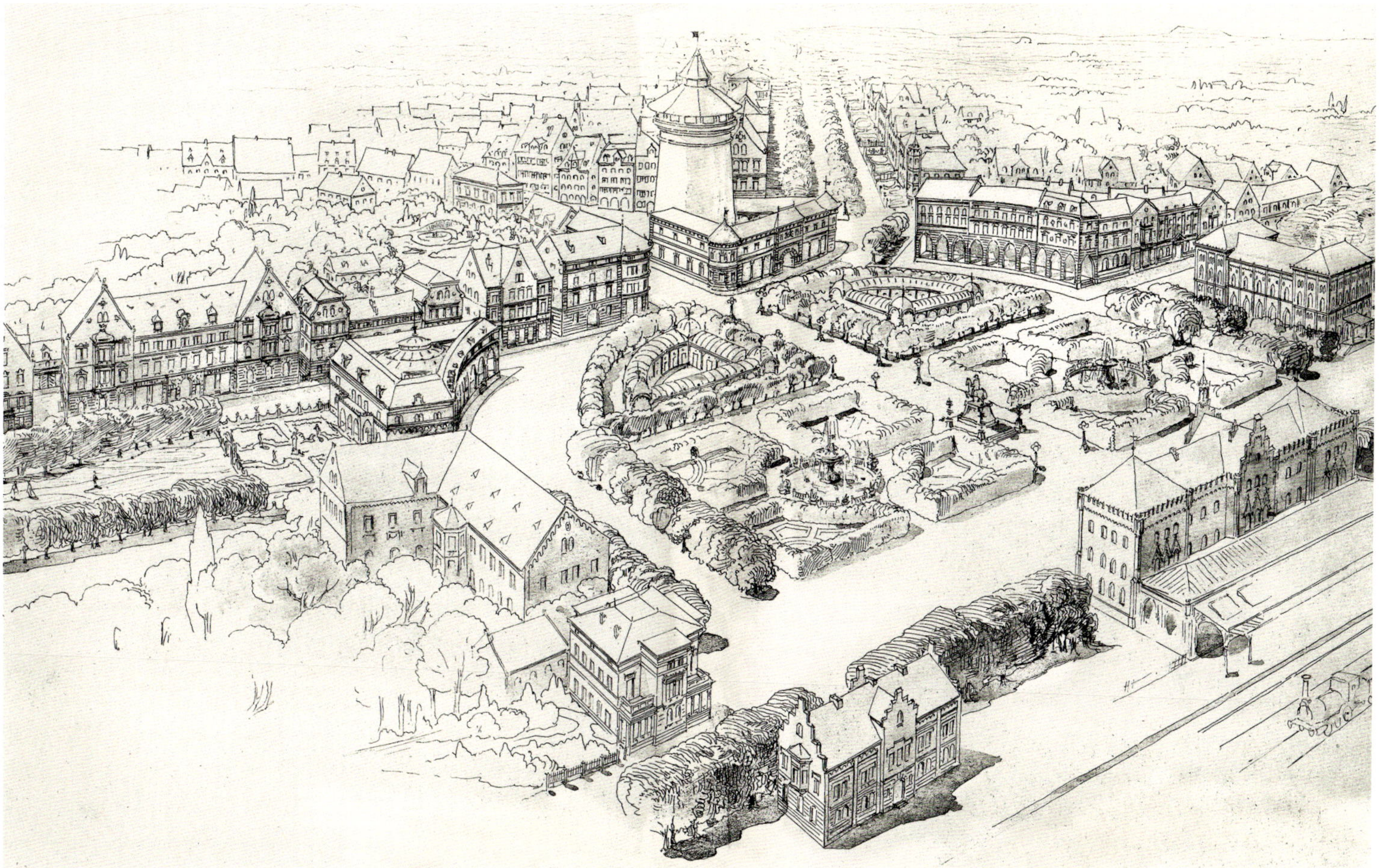

Wiener Ringstraße sollte gleichwohl die Bedeutung der aufstrebenden Industriemetropole ins rechte Licht gerückt werden. Dieser Gestaltungsvorschlag rief jedoch heftigste Proteste in der traditionsbewussten Bürgerschaft hervor, ebenso bei Stadthistorikern, Denkmalpflegern und Heimatvereinen. Es blieb bei der Idee. Lothar von Fabers sicher nicht unerheblicher Einfluss auf politische Entscheidungsträger war nicht groß genug. Die Traditionalisten setzten sich durch, der einzigartige Stadtmauerring steht bis heute. Es blieb bei vergleichsweise moderaten Eingriffen in den historischen Bestand, um den Verkehrsfluss auch weiterhin zu gewährleisten.

▶ *Bahnhofsplatz:*
Vor dem Bahnhofsgebäude sind zwei im französischen Stil bepflanzte Grünanlagen mit Springbrunnen zu sehen. Großzügige Neubauten begrenzen die Gesamtanlage, die sternförmig abgehenden Chausseen sind auffallend breit und geben den Blick in die Tiefe frei. Allein der Königstorturm erinnert an den einstigen Zugang zur Lorenzer Altstadt.

Rundgang entlang der Stadtmauer

Burg von Norden, Vestnertormauer *Edgar Titzenthaler, um 1935*
Staatliche Bildstelle Berlin,

Burg von Norden

Die Burg ist seit dem frühen 13. Jahrhundert in das System der Stadtbefestigung einbezogen.

▶ *Das Vestnertor stellt gleichzeitig den Zugang zur Burg und zur nördlichen Altstadt dar. Über den Vestnertorgraben führt der Weg über eine Holzbrücke zum Toreingang und dann durch einen Tunnel unterhalb der Vestnertorbastei in den Schwedenhof bis zur Burgfreiung.*

▶ *Fünf Ecken: Aus dieser westlichen Sicht ist der Grund nicht zu erkennen, warum der wahrscheinlich aus dem 11. Jahrhundert stammende Bergfried der Burggrafenburg Fünfeckturm heißt. Erst aus einem östlichen Blickwinkel wird die vorgelagerte, fensterlose fünfte Ecke sichtbar. Im Hintergrund die Kaiserstallung und der Luginsland.*

▲ *Hals über Kopf: Tollkühn stürzt sich ein Ski-Freestyler von der Brüstung in den Burggraben hinab. Die Aufnahme entstand während eines Funsport-Wettbewerbs in Nürnberg im Jahr 2012.*

Kaiserburg vom Sinwellturm
nach Westen
Edgar Titzenthaler, um 1934

▶ *Alle deutschen Kaiser und Könige weilten von 1050 bis 1571 nacheinander auf der Burg. Kaiser Karl IV. bestimmte, dass der erste Reichstag eines jeden neugewählten deutschen Kaisers in Nürnberg stattfand.*

▼ *Blick in die Vorburg: Links der Heidenturm über der romanischen Doppelkapelle, geradeaus führt das Tor in den inneren Burghof, rechts in der Bildmitte das Brunnenhaus des Tiefen Brunnens.*

▲ *Stark verwitterte Skulpturen schmücken die Stirnseite des romanischen Heidenturms. Ihre Symbolik ist heute nicht mehr bekannt.*

Westansicht der Nürnberger Burg
Fotografie um 1935

Burg von Westen

Im Jahr 1532 erkannte der Nürnberger Rat die Notwendigkeit, die Verteidigungsanlagen im Bereich der Kaiserburg zu vergrößern, um sich vor den neu aufkommenden Waffen zu schützen. Für diese Aufgabe wurde der italienische Baumeister Antonio Fazuni engagiert. Nach siebenjähriger Bauzeit (1538-1545) entstand vor der mittelalterlichen Zwingermauer eine schier uneinnehmbare Festungsverstärkung aus Mauern, Bastionen, Kasematten und Schießscharten.

▼ *Erst aus der Luft werden die der Burg vorgelagerten, gewaltigen zusätzlichen Wehranlagen erkennbar. Drei fünfeckige Bastionen, Vestnertorbastei, Große Bastei und Tiergärtnertorbastei, verstärkt durch tiefer liegende, spitzwinkelige Flankierbastionen, versprachen ein Höchstmaß an Sicherheit.*

▲ *Hinter dem Burggraben und den vorgelagerten Basteien erhebt sich die Kaiserburg zwischen blühenden Bäumen.*

▲ *Kreuzfeuer: Innerhalb der Mauern der Bastionen verlaufen unterirdische Wehrgänge, die sogenannten Kasematten, von denen aus der Angreifer durch Schießscharten direkt im Graben beschossen werden konnte.*

Das Tiergärtnertor
Ferdinand Schmidt, um 1880

▶ Von der Burg erstreckt sich der hier nicht begehbare Wehrgang in Richtung Tiergärtnertorplatz, Albrecht-Dürer-Haus und Tiergärtnertorturm.

▼ Geheimnisvolle Unterwelt: Tief unter den Basteien befinden sich die Kasematten, ein System von beschusssicheren Verteidigungsgängen. Sie wurden vor über 450 Jahren angelegt, um die Bastionen verteidigen zu können. Diese etwa 1,4 Meter breiten und bis zu 5 Meter hohen Gänge sind noch heute im Rahmen von Führungen begehbar.

▲ Burgblick: Vom Wehrgang unterhalb des Burggartens hat man den schönsten Blick auf den Tiergärtnertorplatz, das Pilatushaus und die Burg mit Heiden- und Sinwellturm.

Mauerpartie am Tiergärtnertor
Ferdinand Schmidt, um 1870

Burg bis Neutor

Um 1500 hatte das Schießpulver seinen Siegeszug angetreten. Für den Nürnberger Rat bedeutete dies, den Festungsring gegen die neuen Gefahren zu wappnen. Zwischen 1538 und 1545 wurden an der Westseite der Burg neue Bastionen errichtet, auf denen später der Burggarten angelegt wurde.
Kein Geringerer als Albrecht Dürer skizzierte in Entwürfen, wie die Stadtbefestigung zu verstärken sei, um dem „herteren anklopfen" der Eisengeschosse standzuhalten.

▶ *Bollwerk: Im 16. Jahrhundert wurde die Stadtmauer am Tiergärtnertor durch eine geometrische Bastion mit eingeschnittenen Geschützstellungen und Kasemattenbatterien verstärkt.*

▼ *Nächtlicher Spaziergang: Blick vom Stadtgraben auf die Neutorbastei.*

▲ *Grüne Insel: Mehrmals im Jahr bepflanzt die Bayerische Burgen- und Schlösserverwaltung die Rosenbastei vorbildlich mit blühenden Zierpflanzen.*

Der Sternhof hinter dem Neutorturm bot auswärtigen Händlern eine Unterkunft.
Ferdinand Schmidt, um 1870

▶ *Traumblick: Vom Tiergärtnertor bis zum Neutor erstreckt sich die Stadtmauer mit Wehrgang, der hier vom Burggarten aus zum Teil begangen werden kann. Dabei steht der Besucher auf Augenhöhe mit dem Albrecht-Dürer-Haus und blickt über den Tiergärtnertorplatz.*

▼ *Charakterköpfe: Die Mitglieder der Künstlerklause treffen sich regelmäßig im Tiergärtnertorturm zum Porträtzeichnen unter dem Vorsitz von Maler und Grafiker Fritz Lang. Hierbei handelt es sich um die älteste Künstlervereinigung Nürnbergs, gegründet 1858.*

▲ *Ein Hauch von Mittelalter: Im Schatten des Pilatushauses steigt die Treppe zum Tiergärtnertorturm empor, einem Wehrturm der vorletzten Stadtmauer.*

Neutor bis Hallertor

◀ *Neutor*
Ferdinand Schmidt, um 1870

▶ *Protest gegen Rechtsradikalismus: Rund um die Stadtmauer demonstrierten 1992 hunderttausend Nürnberger in Form einer Lichterkette gegen Ausländerfeindlichkeit.*

◀ *Tor zum Westen: Das Neutor war neben dem Laufertor, Frauentor und Spittlertor eines der großen Haupttore der Stadtmauer. Zur Abwehr der Feinde sicherte man diese Tore durch besondere Türme. Im 16. Jahrhundert wurden diese ursprünglich viereckigen Türme rund ummantelt, um Kanonenkugeln keine direkte Angriffsfläche zu bieten. Die in Deutschland einmaligen Türme sind neben der Burg zum Wahrzeichen Nürnbergs geworden.*

Der Neutorturm wurde als letzter der großen Türme 1564 rund ummantelt.
Hochbauamt Nürnberg, 1938

▶ *Kunstdepot: Im Neutorturm sind Teile der Grafischen Sammlung der Stadt Nürnberg untergebracht. Am Horizont ist der Fürther Rathausturm zu erkennen.*

▼ *Step by step: Ähnlich wie bei Passagen in Rothenburg überwindet der Wehrgang die Tücken des Geländes und klettert stufenweise hoch in Richtung Burg.*

▲ *Die von hohen Mauern umschlossene Toranlage diente als Schleuse in die Stadt. Hier wurden Fuhrwerke und Reisende kontrolliert.*

Die im Zweiten Weltkrieg zerstörte Stadtmauer am Pegnitzaustritt.
Ray D`Addario, amerikanischer Fotograf bei den Nürnberger Kriegsverbrecherprozessen, um 1946.

Hallertor bis Westtor

▶ Schutz und Trutz: Der Ausfluss der Pegnitz wird von zwei Brückenbögen überspannt. Darüber erheben sich der Schlayerturm und die Fronveste. Vom Wehrgang über den Fluss ließ man die Schossgatter herab, die das Eindringen der Feinde verhinderten.

▼ Altstadtpanorama: Blick vom Schlayer turm auf die Wehranlagen des Pegnitz-austritts, dahinter die Stadtmauer bis zum Neutorturm, rechts unten der Biergarten am Kettensteg.

▲ Abseits des Autoverkehrs: Im Mittelalter war das Hallertürlein nur für Fußgänger geöffnet, heute ist es auch eine willkommene Durchfahrt für Radfahrer entlang der Pegnitz.

Von der Maxbrücke blickt man auf den Pegnitzauslass mit Fronfeste und Kettensteg, rechts im Bild die Nägeleinsmühle. Ferdinand Schmidt, um 1865

▶ *Jahrhunderte spiegeln sich im Fluss: In zwei eleganten Brückenbögen überspannt die Fronfeste die Pegnitz. In den trutzigen, exponierten Mauern wohnen heute Studenten.*

▼ *Verborgener Winkel: Der Wehrgang der Westtormauer führt ins Kreuzgassenviertel, wo alte und neue Architektur nebeneinander harmonieren.*
In der Bildmitte, der Denkmalstadel der Stadt Nürnberg.

▲ *Rekord-Hochwasser: Noch heute erinnern Markierungen an Gebäuden entlang der Pegnitz - so auch hier an der Westtormauer - an die Flutkatastrophe im Februar 1909.*

Spittlertorgraben mit Blick zur Burg
Ferdinand Schmidt, vor 1879

Westtor bis Fürthertor

▶ *Gruseliger Ort: Wohl niemand würde beim Anblick dieser romantischen Stadtmauerpartie vermuten, dass sich hier in der sogenannten Prisaun von 1561 bis 1846 ein Gefängnis für geistig Behinderte befand.*

▼ *Talentschmiede: Aus der legendären Stadtgrabenliga holten sich der Club und die Spielvereinigung Fürth in den 20er Jahren „Rohdiamanten" in ihre Meisterelf.*

▲ *Künstlerrefugium: Der Bildhauer Leopold Bernhard erklärt in seinem Atelier im Zwingerturm Spittlertormauer, wie er die im Krieg zerstörte Bronzeplastik der Walküre am Westgiebel des Opernhauses nach der Vorlage alter Fotos neu erschuf.*

Mauerpartie beim Mohrentor,
heute Westtor
Ferdinand Schmidt,
zwischen 1880 und 1890

▶ *Die Prisaun, von der Altstadt aus gesehen: Erst als 1846 die Kreisirrenanstalt in Erlangen eröffnet wurde, löste man das Gefängnis auf.*

▼ *„Bewahre die Treue, gedenke der Pflicht": Der Wallensteiner Ritterbund pflegt im Turm der Spittlertormauer 11 das ritterliche Gedankengut und die humanitären Tugenden.*

▲ *Sicherer Nistplatz: Die kleinen Mauerbewohner sind vielleicht schon ausgeflogen.*

Über dem Rundbogen des Fürthertors wurde 1898 die Restauration am Ludwigstorzwinger errichtet, damals benannt nach dem Pächter Kochert. Leider wurde sie im Zweiten Weltkrieg zerstört und nicht mehr aufgebaut.

Ferdinand Schmidt, um 1900

Fürthertor bis Ludwigstor

▶ *Im Stadtgraben blühen wieder die Bäume: An keiner anderen Stelle des Mauerrings ist alljährlich das Frühlingserwachen so intensiv zu erleben wie am Spittlertorgraben.*

▼ *Schneezauber: Stille Winternacht am Spittlertorgraben.*

▲ *Kunst im privaten Raum: Einzelne Werke des Bildhauers Markus Lange-Czechowicz schmücken die überdachte Zwingermauer.*

Partie an der Spittlertormauer Hochbauamt Nürnberg, 1933

▶ *Rekonstruktion: Der Wehrgang über dem Fürthertor wurde nach den Zerstörungen im Zweiten Weltkrieg vorbildlich wieder instandgesetzt.*

▼ *Winterliche Abendstimmung an der Spittlertormauer Ecke Ludwigstraße*

▲ *Kunstraum: Der Künstler Markus Lange-Czechowicz mit seinen Werken in der Turmstube Spittlertormauer 1*

Der Spittlertorturm mit Ludwigstor und äußerer Zwingermauer
Ferdinand Schmidt, um 1885

Passanten scharen sich um die fahrbare Dunkelkammer von Ferdinand Schmidt. Der Fotograf stieg in ein oberes Stockwerk des Hauses gegenüber, um die lebendige Szene festzuhalten. Wer sich bewegt hat, wurde unscharf abgebildet.

Ludwigstor bis Jakobstor

▶ Erst aus der Vogelperspektive wird das wuchtige Ausmaß der Befestigungsanlage am Spittlertor sichtbar.

▼ Das im Jahr 1866 durchbrochene Ludwigstor wurde 1893 abgerissen, um dem erhöhten Verkehrsaufkommen Platz zu machen. Heute führt hier der Verkehr vom Plärrer durch die Ludwigstraße in die Altstadt.

▲ Magischer Turm: Seit 2002 zelebriert der Magische Zirkel vor Publikum Zauberkunst zum Anfasssen. Die Veranstaltungen im Zauberturm (Frauentorgraben 41) sind mehrere Monate im voraus ausverkauft.

Der Spittlertorturm mit der inneren Zwingermauer
Ferdinand Schmidt, um 1885

▲ *Kanonenplattform: Angreifende Feinde wurden von hier oben gebührend empfangen. Bis 1796 waren auf dem Geschützboden des Spittlertorturms zahlreiche Kanonen in Stellung gebracht.*

▶ *Dornröschenschlaf: Der leerstehende imposante Waffenhof am Spittlertorturm wartet auf eine geeignete Belebung.*

▲ *„Frei ist der Bursch! In Treue fest!“: Die akademische Verbindung Landsmannschaft „Onoldia“, die 1863 in Altdorf gegründet wurde, ist seit 1969 im Onoldenturm im Waffenhof des Spittlertorturms beheimatet.*

◀ *Hinter der Mauer: Blick in das Nürnberger Rotlichtviertel. Bereits im Mittelalter duldete der Rat der Stadt die „Hübschlerinnen“ an der Frauentormauer.*

Frauentorgraben außen am Jakobstor *Edgar Titzenthaler, 1935*
Staatliche Bildstelle, Berlin

Jakobstor bis Färbertor

▶ *Bunter Ring um die Stadt: Jede Jahreszeit verleiht der Stadtmauer einen besonderen Reiz. Im Herbst mischt sich die zunehmende Färbung der Bäume mit dem Rotbraun des Sandsteins zu einer malerischen Farbsymphonie.*

▶ *Der um 1480 errichtete Jakobsturm (Rotes L) am Jakobstor wurde in Eigenleistung unter der Leitung des Stadthochbauamtes 2005 entkernt, umgebaut und als Herberge für fahrende Gesellen eröffnet; fünf Schlafstellen, eine Küchenzeile und ein Badezimmer stehen den Wandergesellen zur Verfügung.*

▲ *Mahlzeit: Die Wandergesellen versorgen sich in der Turmküche selbst.*

Frauentormauer beim Färbertor
Fotograf unbekannt, ohne Datierung

▶ *Uhrturm: Hinter der Turmfassade verbirgt sich ein fantastisches Sammelsurium kreativer Inspirationen von Peter Hammer.*

▼ *Hammerkunst: Das künstlerische Universalgenie Peter Hammer spielt in seinem Wohnatelier im Turm Frauentormauer 31 auf selbstgebauten Musikinstrumenten. Das riesige Pendel eines Uhrwerks (unten rechts) schwingt durch vier Stockwerke.*

▲ *Ideenschmiede: Peter Hammer, der Meister mechanischer Kunst hat sich im Wehrgang seine Werkstatt eingerichtet. Hier entwirft er seine einmaligen Musikmaschinen, die auf Knopfdruck zu einem ruckenden, zuckenden, scheppernden und blinkenden Leben erwachen.*

Der Frauentorgraben zwischen Färbertor und Sterntor macht Stärke und Wehrhaftigkeit der Stadtmauer sichtbar. Ferdinand Schmidt, vor 1871

Färbertor bis Kartäusertor

▶ *Bombensicher: Hinter der Sandsteinfassade verbergen sich die meterdicken Betonwände des Färbertorbunkers. 1940/41 baute man den abgerissenen Mauerabschnitt am Färbertor als Luftschutzbunker wieder auf. In den Schutzräumen war auf drei Etagen Platz für 786 Personen. Weitere Bunker unter der Stadtmauer befinden sich am Klarissenplatz und am Westtor.*

▼ *Altstadtmarathon: Der Kurs des alljährlichen Laufwettbewerbs führt durch den Stadtgraben zum Ziel am Opernhaus. Alle Teilnehmer sind vom historischen Ambiente begeistert.*

▲ *Die Kletterwand im Grabenturm am Kartäusertor bietet den Jugendlichen des Deutschen Alpenvereins im Winter hervorragende Trainingsmöglichkeiten.*

Kartäusertor
Hochbauamt, 1919

▶ *Symbol für den Frieden: Die Straße der Menschenrechte von Dani Karavan endet im Süden am Kartäusertor. Sie verbindet den Kornmarkt mit der Stadtmauer.*

▼ *Scheinfassade: Nur die wenigsten Nürnberger wissen, dass sich hinter dieser Fassade ein Bunker verbirgt. Noch heute ist die Inneneinrichtung aus den Zeiten des Kalten Kriegs erhalten, aber nicht mehr funktionstüchtig.*

▲ *Der Färbertorbunker ermöglichte das Überleben der Schutzsuchenden für 14 Tage.*

Jenseits des Frauentorgrabens ragt der Augustinerbau auf, der erste Abschnitt einer umfangreichen Erweiterung des Germanischen Nationalmuseums. Ferdinand Schmidt, nach 1877

Kartäusertor bis Sterntor

▶ *Zwingerwirtschaft: Blick über den Stadtgraben auf das seit einiger Zeit geschlossene Tucherbräu am Kartäusertor. Die beliebte Gaststätte wartet auf eine Neueröffnung.*

◀ ▲ *Einmalig: Sogar aus der U-Bahn erhascht der Fahrgast an der Haltestellle Opernhaus einen Blick auf die Stadtmauer, weil hier der verschüttete Graben im Rahmen des U-Bahnbaus freigelegt und in verminderter Breite wieder hergestellt wurde.*

Frauentormauer am Sterntor
Hochbauamt, 1921

▶ *Autogerechte Altstadt: Erst wurde 1869 die Frauentormauer zugunsten eines neuen Tores, des Sterntores, durchbrochen, später 1973 erfolgte der Abriss einer ganzen Mauerpassage zwischen der Sterngasse und der Grasersgasse.*

▼ *Verteidigungsanlage: Im Wehrgang der Frauentormauer sind Schießscharten für Armbrust- und Hakenbüchsenschützen ausgespart.*

▲ *Amicitenturm: Frühschoppen der Mitglieder der Technischen Verbindung Amicitia im Turm der Frauentormauer 15 am Thomastag.*

Frauentor außen
Ferdinand Schmidt, von 1870

Sterntor bis Königstor

▶ *Grüner Gürtel: Buntes Herbstlaub umsäumt die Stadt am Königstor. Wenn die Blätter gefallen sind, wird die Sicht frei auf die imposanten Wehranlagen.*

▼ *Durch das heute noch erhaltene Frauentor, eines der vier großen Haupttore im Mittelalter, gelangt man in den Handwerkerhof, den ehemaligen Waffenhof.*

▲ *Kunst im Zwinger: Der 2004 ins Leben gerufene Skulpturengarten präsentiert die vom Galeristenehepaar Defet gestifteten Werke.*

Waffenhof am Frauentor mit Königstorturm.
An dieser Stelle befindet sich heute der Handwerkerhof.
Hochbauamt, 1910

▶ *Der „Hexagonal Water Pavilion" von Künstler Jeppe Hein bereichert den Klarissenplatz und ist neben dem Neuen Museum ein Besuchermagnet vor allem für die Jugend.*

▼ *Der Handwerkerhof aus der Vogelperspektive mit gegenüberliegendem Hauptbahnhof.*

▲ *Touristenattraktion: Anläßlich des Dürerjahres 1971 wurde im ehemaligen Waffenhof des Frauentores der Handwerkerhof eröffnet. In nachgebauten kleinen Handwerkerhäuschen werden kunstgewerbliche Artikel angeboten.*

Das 1859 erbaute Marientor verschaffte den Bewohnern der Marienvorstadt einen direkten Zugang zur Altstadt.
Ferdinand Schmidt, vor 1891

Königstor bis Marientor

▶ *1859 entschloss sich der Rat der Stadt, am Ostende der Lorenzer Straße die Stadtmauer zu durchbrechen, um eine Verbindung zur wachsenden Marienvorstadt herzustellen. Das neugotische Tor (historische Abbildung links) erwies sich aber bald als zu schmal und wurde bereits nach 32 Jahren 1891 wieder abgerissen, um eine völlige Öffnung der Marientormauer zu erreichen.*

▼ *Illumination: Feierliche Eröffnung des architektonisch nicht unumstrittenen Glaskubus als neues Tor in die Altstadt im Jahr 2001.*

▲ *Das heutige Marientor zwischen Kunsthalle und Marientorzwinger.*

Marientormauer südlich des Marientors Hochbauamt, 1921

▶ *Historie trifft Kunst: Im Hof des Kulturgartens verbirgt sich einer der reizvollsten Biergärten Nürnbergs.*

▼ *Lauschige Sommernächte: Zwischen Stadtmauer, Künstlerhaus und Kunsthalle lässt es sich im Kulturgarten stimmungsvoll feiern.*

▲ *Talentschmiede: In der Werkbund Werkstatt kann noch das alte Handwerk der Schmiedekunst erlernt werden.*

Die Gaststätte Marientorzwinger vor der Zerstörung im Zweiten Weltkrieg.

Hochbauamt Nürnberg, 1937/38

Marientor bis Pegnitzeintritt

▶ *Die Gaststätte Marientorzwinger setzt erfolgreich die Tradition der Zwingerwirtschaften entlang der Stadtmauer fort.*

▼ *Eine große Lücke wurde 1882 in die Stadtmauer gerissen, um Platz für repräsentative Bauten wie das Gewerbemuseum zu schaffen.*

▲ *Seit dem 19. Jahrhundert erfreuen sich die ursprünglich reinen Biergärten zwischen der inneren und äußeren Mauer großer Beliebtheit. 1911 wurde der anfangs schlichte Biergarten am Marientor zu einer großen Gaststätte mit Innen- und Außenbereich ausgebaut.*

An der Marientormauer. Teilweise befanden sich Werkstätten und Lagerschuppen an der inneren Stadtmauer. Ferdinand Schmidt, undatiert

▶ *Im 19. Jahrhundert gab es genügend radikale Abrisspläne. Besonders in der östlichen Altstadt fielen zahlreiche Abschnitte der Spitzhacke zum Opfer. Glücklicherweise wurde nicht die komplette Marientormauer abgerissen. Erst um 1890 erfolgte ein Umdenken: Die Stadtmauer wurde nun als erhaltenswertes, historisches Denkmal angesehen.*

▼ *Bereits seit 18 Jahren erfreut sich der Nürnberger Stadtlauf großer Beliebtheit. Der Grund: Der Kurs führt quer durch die historische Altstadt.*

▲ *Romantische Beleuchtung: Laternen erhellen auch die dunklen Ecken der Stadtmauer.*

Die Pegnitz fließt in zwei Armen in die Stadt. Hier ist der nördliche Flussarm zu sehen. Edgar Titzenthaler, 1935

Pegnitzeintritt bis Hübnerstor

▶ *Turm und Wehrgang über der südlichen Flusseinfahrt. Vom Wehrgang ließ man die Schossgatter herab, rechts die vorgezogene Zwingermauer.*

▼ *Der ursprünglich als Steinbogen gemauerte Wehrgang über dem nördlichen Pegnitzarm wurde nach der Zerstörung im Zweiten Weltkrieg aus Holz neu errichtet. Links unten die Schießluken der Kasematten, aus denen die Schützen auf die Wasseroberfläche des Flusses zielten.*

▲ *Wieder geöffnet: Nach zweijähriger Renovierungszeit ist das Kasemattentor für Fußgänger wieder passierbar.*

Der Tratzenzwinger wurde auf älteren Fundamenten 1547 neu errichtet.
Max Hermann, um 1935

Im wieder aufgebauten Wehrturm Tratzenzwinger an der Hinteren Insel Schütt wurde 1995 das Krakauer Haus eröffnet. Es ist ein Informations- und Begegnungszentrum mit der polnischen Partnerstadt Krakau.

▶ *Kanonentürme: Zwei gewaltige Türme sicherten den Flusseingang in die Stadt. Auf Plattformen waren im Kriegsfall Kanonen mit weitreichender Schusskraft platziert.*

▼ *Schöne Aussicht: Ein herrlicher Blick über die Altstadt zur Burg belohnt die Besucher des Turmsaals im Krakauer Haus an der Hinteren Insel Schütt.*

▲ *Erlebnisgastronomie: Wer es romantisch liebt, sollte es nicht versäumen, sich einen Tisch im Wehrgang über der Pegnitz reservieren zu lassen.*

Laufertorgraben
Ferdinand Schmidt, um 1870

Hübnerstor bis Wöhrdertor

▶ 1892 wurde am Hübnersplatz ein Fußgängertunnel durch die Laufertormauer gebrochen, der unter dem Zwinger in den Stadtgraben führt.

▼ Pedalritter: Abseits vom Autoverkehr führt ein Rad- und Fußgängerweg vom Rathenauplatz zum Bahnhof an Türmen, Mauern und Schießscharten vorbei, rechts der Alcibiadesturm.

▲ „Thomaskneipe": Zusammenkunft der Studentenverbindung Franko-Alemannia im Alcibiadesturm, Laufertormauer 13a am Thomastag im Dezember 2013.

Laufertormauer
Hochbauamt, 1920

▶ *Abseits der Touristenströme: Stadtmaueridyll am Hübnersplatz*

▼ *Haute cuisine: Die Mitglieder des „Clubs der Kochenden Männer" treffen sich regelmäßig im Turm Laufertormauer Nr. 13, um exquisite Sechs-Gänge-Menüs zu zelebrieren.*

▲ *Schlupfloch: Fußgängerdurchlass in der Laufertormauer.*

Brücke über den Stadtgraben zum Wöhrdertor. Im Vordergrund die Bastei aus dem Jahr 1613 mit dem Stadtwappen, das heute die Vestnertorbastei schmückt. Georg Schmidt (Vater von Ferdinand Schmidt), um 1865

Wöhrdertor bis Laufertor

▶ *Auf dem Gelände der ehemaligen Laufertormauer und dem Areal der abgerissenen Sebald Druckerei entstanden die Sebalder Höfe, eine kombinierte Wohn-, Gewerbe- und Büroanlage. Die Ostflanke ist als moderne Interpretation der alten Stadtmauer gedacht.*

▼ *Auf dem Gelände des eingeebneten Laufertorgrabens steht heute die Umspannanlage der N-ERGIE. Bis 1934 befand sich hier das 1927 erbaute erste Nürnberger Planetarium. Auf Anweisung des Gauleiters Julius Streicher wurde es wegen seines angeblich zu synagogenähnlichen Baustils abgerissen.*

▲ *Letzte Reste: Fundamente des abgerissenen Waffenhofs des Laufertors sind in die U-Bahnzugänge der Station Rathenauplatz integriert.*

An der bereits abgerissenen Laufertormauer / Ecke Innere Cramer-Klett-Straße, Blick in Richtung Norden.
Weiherer, 15.04.1931

▶ *Das Immobilienunternehmen alpha Gruppe beauftragte nach Abriss der Sebald Druckerei den renommierten Architekten Volker Staab mit dem Bau der Sebalder Höfe. Anstatt industrieller Produktion entstand modernes Wohnen und Leben in der Altstadt. Die Fassade des Neubaus soll an das fehlende Stück der Laufertormauer erinnern.*

▼ *Nürnberger Wahrzeichen: Die Aufnahme aus dem Jahr 1999 zeigt den Laufertorturm im Angesicht des sich noch im Bau befindlichen Business Tower.*

▲ *Lebensretter: Auf sieben Stockwerken konnte der Turm bei den Bombenangriffen im Zweiten Weltkrieg ca. 500 Menschen aufnehmen.*

Maxtormauer am Backofen. Im Graben befand sich die städtische Holzlege.

Ferdinand Schmidt, vor 1874

Maxtormauer Ost

▶ *Backofen: An der 1527 erbauten Rundbastei, genannt Küblerzwinger oder Backofen, macht die Stadtmauer einen Knick, der es erlaubte, die beidseitigen flankierenden Mauern ohne toten Winkel einzusehen und im Ernstfall mit Geschossen zu verteidigen.*

▶ *Dachlandschaft: Blick auf den rekonstruierten Wehrgang und die Türme der Maxtormauer.*

▲ *Altstadtidyll: Im Backofen treffen sich die Altstadtfreunde zu Sitzungen in malerischer Umgebung.*

Maxtormauer
Staatliche Bildstelle Berlin,
Edgar Titzenthaler, um 1935

▶ *Altes Gemäuer strahlt in neuem Glanz: Zu einem mittelalterlichen Kleinod hat sich die sanierte Maxtormauer gemausert.*

▼ *Vor der Renovierung: Gut erkennbar sind die Bauschäden wegen verdichteter Oberflächen durch Salzkrusten und absperrende Reparaturmaterialien (Aufnahme 2004).*

▲ *Verteidigungsanlage: Der Wehrgang ist zur Stadtseite geöffnet, nach außen schützt eine durchgehende Mauer, unterbrochen von Schießscharten.*

Maxtor
Ferdinand Schmidt, 1868

Maxtormauer Nord

▶ *Auf die Plätze, fertig, los: In den Sommermonaten findet der Sportunterricht des nahen Labenwolf Gymnasiums im Maxtorgraben statt.*

▲ *Ausschau: Hinter der äußeren Wehrmauer lugt der Turm Maxtormauer 5 hervor.*

▲ *Filmreif: Geheimnisvolle Szenerie im Maxtorgraben.*

◀ *Ende der Maxtormauer: Ab hier klafft seit 1880 eine große Lücke in der Stadtmauer.*

Abriss der Maxtormauer, des Fröschturms und des erst 1856 errichteten Maxtors Ferdinand Schmidt, 1877

▶ *Einsteinlager: Geistesgrößen in Gips ruhen verborgen auf dem Wehrgang.*

▼ *Freie Sicht: Wie an keiner anderen Stelle innerhalb der Altstadt zeigt sich die mittlerweile wieder vollständig instandgesetzte Stadtmauer in einer Länge von fast 200 Metern in voller Pracht.*

▲ *Köpfe: Professor Wilhelm Uhlig schuf in seinem Atelier 2006 eine Bronzeplastik von Alt-Oberbürgermeister Dr. Peter Schönlein.*

An der Vestnertormauer
Staatliche Bildstelle Berlin, 1935

Vestnertormauer

▶ *Der wiederhergestellte Grabenturm verleiht der Vestnertormauer ihre ursprüngliche Ansicht (siehe historische Abbildung links).*

▶ *Viele Spender ermöglichten im Jahr 2005 den Wiederaufbau des Turms zugunsten des Vereins zur Förderung der studierenden Jugend Nürnberg e. V. Nachdem der Bau aus Ziegelsteinen errichtet war, wurde die Fassade mit Sandsteinen verkleidet.*

▲ *Neuschnee im Graben: Der Schnee betont die Struktur der Sandsteinquader.*

Feuerwache Vestnertormauer 5
Hochbauamt, 1911

▶ *Der hochaufragende Luginsland ist Teil der reichsstädtischen Burganlage. Er bildet den ersten Turm der Stadtmauer mit der Bezeichnung Schwarzes A auf weißem Grund.*

▼ *Seit 5. Dezember 1980 trifft sich die Burschenschaft Pythagoras im renovierten Grabenturm an der Vestnertormauer 5.*

▲ *Was haben die Fans des 1.FCN und Dürer gemeinsam? Die Stadtmauer am Vestnertorgraben verrät es (Aufnahme 2005).*

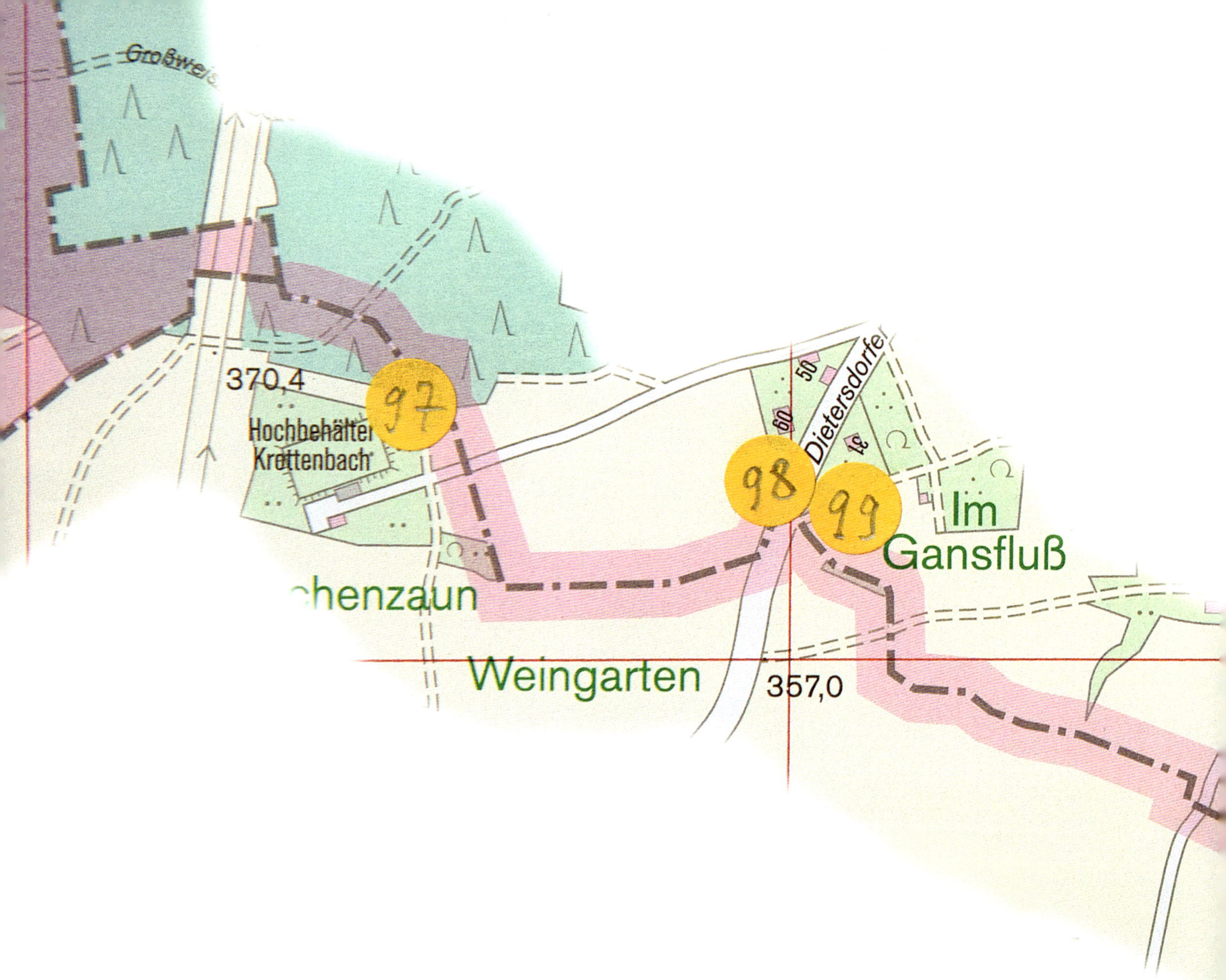
Großweis
370,4
Hochbehälter
Krottenbach
97
98
99
50
60
31
Dietersdorfer
Im
Gansfluß
chenzaun
Weingarten
357,0

Rundgang entlang der Stadtgrenze

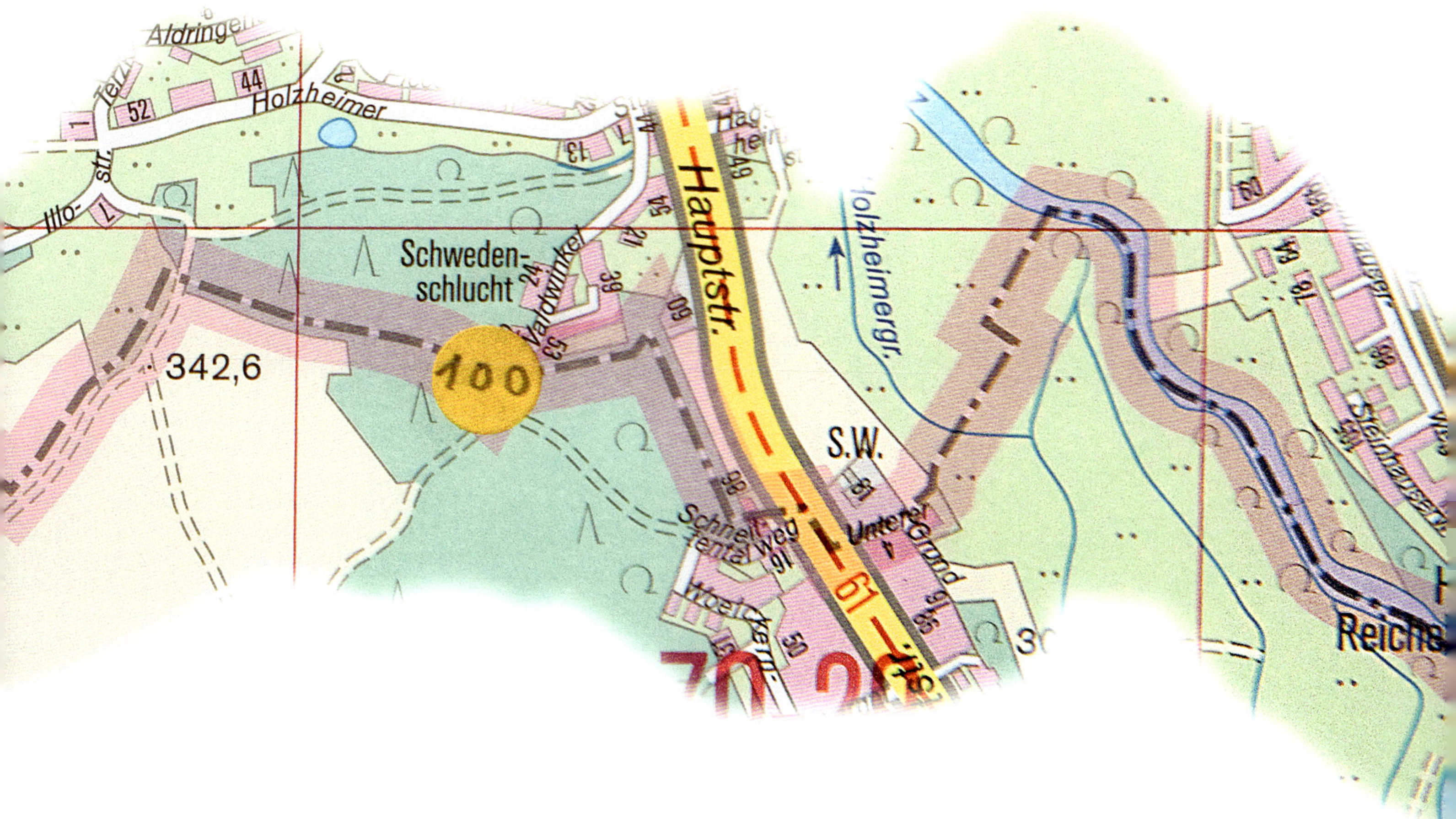

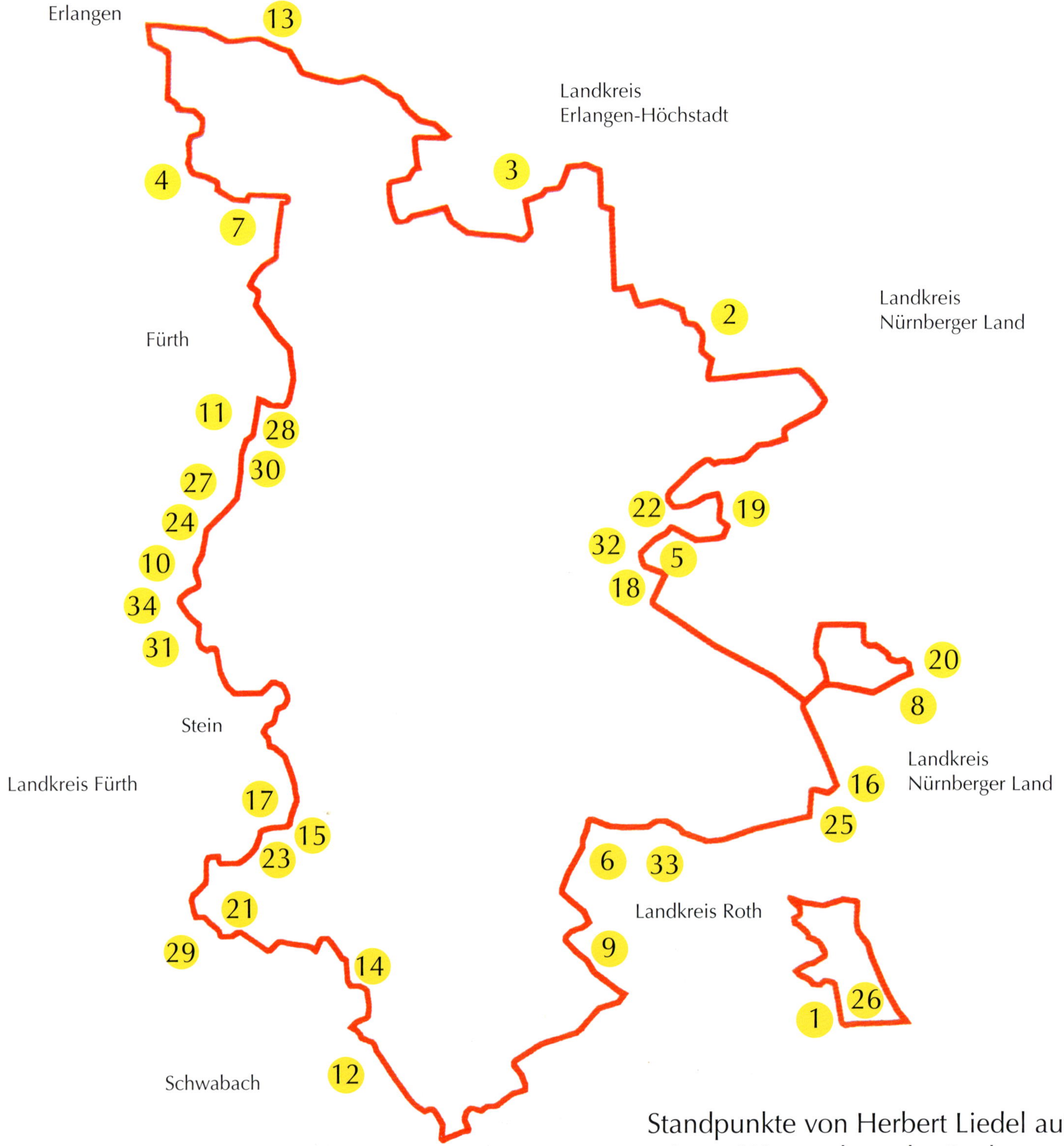

Standpunkte von Herbert Liedel auf seinem Weg entlang der Stadtgrenze

Die heutigen Konturen der Stadt

1 *Big Horn Ranch, Western Club Birnthon*

2 *Tierfriedhof*

3 *Durch die geplante Flughafen-Nordanbindung bedrohter Bannwald*

4 *Steinacher Straße*

5 *Bratwurst-Noris, Denkmal von Lange-Czechowicz*

6 *Waldwirtschaft Steinbrüchlein*

7 *Katzenhotel*

8 *Reithalle Fischbach*

9 *Alter Kanal*

10 *Main-Donau-Kanal*

11 *Nightclub Cult*

12 *Am Kappelberg*

13 *Skatepark Reutles*

14 *Radrennbahn Reichelsdorfer Keller*

15 *Feldbahnmuseum*

16 *ICE-Bahnstrecke nach München*

17 *Freiland Aquarium und Terrarium Stein*

18 *Trainingsgelände 1. FC Nürnberg*

19 *Tiergarten Delphinlagune*

20 *Vogelherdsweiher Fischbach*

21 *Kuhstall Dietersdorfer Straße*

22 *Akademie der Bildenden Künste*

23 *Gerasmühle*

24 *Hotel-Pyramide*

25 *Am Keuper, Gewerbepark Feucht*

26 *Bushaltestelle Birnthon*

CASINO
RLD
OF★
MING
36
DER NEUESTEN
GELDSPIEL-
GERÄTE
hgehend
00-5.00
Uhr
CITY GR

27 *Höfener Straße*

28 *Unter der Brücke der A73 über die Pegnitz*

29 *Trinkwasserspeicher Krottenbach*

30 *Kläranlage*

31 *Wildwasser-Kanuslalom an der Brücke der ehemaligen Bibertbahn über die Rednitz*

32 *Valznerweiher*

33 *Ausflugsgaststätte Zollhaus*

34 *Tucherbrauerei, Zwei-Städte-Sudhaus*
Die Stadtgrenze verläuft mitten durch das Gebäude

Wir bedanken uns herzlich bei:
Helge Weingärtner, Kunsthistoriker
Thomas Dütsch, Stadtarchiv Nürnberg
Gerhard Schorr,
Pfarrgemeinde St. Sebald
Förderverein Kulturhistorisches Museum Nürnberg e. V.
Pablo de la Riestra
Amt für Geoinformation und Bodenordnung, Stadt Nürnberg
Amt für Stadtforschung und Statistik, Stadt Nürnberg
Stadtplanungsamt, Stadt Nürnberg
Bernd Windsheimer,
Geschichte Für Alle e. V.
Norbert Kühltau, Geschichte Für Alle e. V.

Bildnachweise:
Historische Abbildungen Stadtarchiv Nürnberg:
S.12 A75_I_194
S.14 A41_I_Repro_163_7_B
S.15 oben: A4_IV_52
S.15 unten links: A47_KS_54_11
S.15 unten mitte: A47_KS_129_056
S.15 unten rechts: A47_KS_058_07
S.16 oben: A65_I_RA_580
S.16 unten links: A40_Fi_L_2190
S.24 A44_C_06075_09
S.26 A44_C_06075_35
S.28 A64-0037
S.30 A47_KS_054_03
S.32 A47_KS_134_06
S.34 A47_KS_57_09
S.36 A47_KS_132_036_R
S.38 A47_KS_132_36
S.40 A65_I_RA_580
S.42 A64-0036
S.44 A47_KS_100_04
S46 A47_KS_113_011
S.48 A47_KS_100_07
S.50 A38-H-46A-1
S.52 A47_KS_050_14
S.54 A44_C_06077_64
S.56 A44_C_6077_54
S.58 A41_Repro_190_28
S.60 A47_KS_40_6
S.62 A38_F_32_02
S.64 A47_KS_134_01
S.66 A38_B_66_07
S.68 A47_KS_56_12
S.70 A38_A_86_03
S.72 A47_KS_54_11
S.74 A38_B_63_02
S.76 A39_I_403_L
S.78 A47_KS_110_11
S.80 A44_C_06077_22
S.82 A49_I_He_1611
S.84 A76_RF_023_F1_27
S.86 A38_B_79_3
S.88 A38_D_92_09
S.90 A38_F_2_10
S.92 A47_KS_055_13
S.94 A44_C_06077_05
S.96 A47_KS_132_015
S.98 A47_KS_058_07
S.100 A44_C_06077_01
S.102 A38_B_57_02
S.143 A47-KS-118-13

Literatur:
Geschichte Für Alle e. V., Mauern, Türme, Bastionen, Die Nürnberger Stadtmauer, Sandberg Verlag, 2012

Diefenbacher, Endres
Stadtlexikon Nürnberg,
W.Tümmels Verlag, 2000

Baumann, Diefenbacher u.a.,
Der Nürnberg Atlas, Emons Verlag, 2007

Stadt Nürnberg, Stadtplanungsamt,
Nürnberg - 42 Blicke durch die Stadtmauer, 2013

Hofmann, Die Nürnberger Stadtmauer
Verlag Nürnberger Presse, 1967

Impressum
Herausgeber: © 2014
Museen der Stadt Nürnberg,
Museum Industriekultur;
Michael Imhof Verlag,
Petersberg
Fotografie: Herbert Liedel
Text: Herbert Liedel, Matthias Murko, Regine Franzke
Grafik: Hannelore Liedel
Druck: Schreckhase Werbedruck GmbH, Spangenberg
ISBN: 978-3-7319-0072-6

Ferdinand Schmidt,
Nürnberger Fotograf (1840-1909), ist der bedeutendste und bekannteste Lichtbildner der Stadt im 19. Jahrhundert. Im Nürnberger Stadtarchiv befinden sich über 1800 Glasplattennegative mit Nürnbergmotiven, darunter viele Ansichten der Stadtmauer.

Herbert Liedel
Nürnberger Fotoreporter und Landschaftsfotograf, geb. 1949, bekannt durch seine Bildbände, Kalender und Ausstellungen über Nürnberg und Franken.